La ciencia de los seres vivos

¿Qué es la migración?

John Crossingham y Bobbie Kalman

Crabtree Publishing Company

www.crabtreebooks.com

Serie La ciencia de los seres vivos
Un libro de Bobbie Kalman

Dedicado por John Crossingham
Para Jacq y Terry por mantenerse secos bajo la lluvia

Editora en jefe
Bobbie Kalman

Equipo de redacción
John Crossingham
Bobbie Kalman

Editoras
Amanda Bishop
Kathryn Smithyman
Niki Walker

Diseño por computadora
Kymberely McKee Murphy
Margaret Amy Reiach

Coordinación de producción
Heather Fitzpatrick

Investigación fotográfica
Heather Fitzpatrick

Consultora
Patricia Loesche, Ph.D., Programa
sobre el comportamiento de animales,
Departamento de Psicología,
University of Washington

Consultor lingüístico
Dr. Carlos García, M.D., Maestro bilingüe de Ciencias, Estudios Sociales y Matemáticas

Fotografías
Kenneth J. Howard: página 16 (parte superior)
Wolfgang Kaehler: páginas 12, 30
James Kamstra: página 22
Robert McCaw: páginas 9 (parte superior), 26, 31
Photo Researchers Inc.: Tom McHugh: página 20
Tom Stack & Associates: Jeff Foott: páginas 16 (parte inferior), 24, 25; Mark Newman: página 19;
   Michael S. Nolan: página 17
Otras imágenes de Adobe Image Library, Digital Stock y Digital Vision

Ilustraciones
Barbara Bedell: páginas 6 (partes superior e inferior derecha), 16, 27
Patrick Ching: página 6 (centro)
Margaret Amy Reiach: páginas 24, 25, 26 (derecha), 28 (parte inferior), 29
Bonna Rouse: páginas 7, 10, 13, 14, 15, 21, 23, 26 (parte superior izquierda), 28 (parte superior izquierda), 31

Traducción
Servicios de traducción al español y de composición de textos suministrados por translations.com

Library and Archives Canada Cataloguing in Publication
Crossingham, John, 1974-
    Qué es la migración? / John Crossingham y Bobbie Kalman.

(La ciencia de los seres vivos)
Includes index.
Translation of: What is migration?.
ISBN 978-0-7787-8769-3 (bound).--ISBN 978-0-7787-8815-7 (pbk.)

    1. Animal migration--Juvenile literature. I. Kalman, Bobbie,
1947-
II. Title. III. Series: Ciencia de los seres vivos

QL754.C7618 2007   j591.56'8   C2007-904736-X

Library of Congress Cataloging-in-Publication Data
Crossingham, John, 1974-
    [What is migration? Spanish]
    Qué es la migración? / John Crossingham y Bobbie Kalman.
       p. cm. -- (La ciencia de los seres vivos)
    Includes index.
    ISBN-13: 978-0-7787-8769-3 (rlb)
    ISBN-10: 0-7787-8769-9 (rlb)
    ISBN-13: 978-0-7787-8815-7 (pb)
    ISBN-10: 0-7787-8815-6 (pb)
    1. Animal migration--Juvenile literature. I. Kalman, Bobbie. II. Title.
III. Series.

QL754.C7618 2007
591.56'8--dc22
                                                    2007030377

Crabtree Publishing Company

www.crabtreebooks.com   1-800-387-7650

Publicado en Canadá
Crabtree Publishing
616 Welland Ave.
St. Catharines, ON
L2M 5V6

Publicado en los Estados Unidos
Crabtree Publishing
PMB16A
350 Fifth Ave., Suite 3308
New York, NY 10118

Publicado en el Reino Unido
Crabtree Publishing
White Cross Mills
High Town, Lancaster
LA1 4XS

Publicado en Australia
Crabtree Publishing
386 Mt. Alexander Rd.
Ascot Vale (Melbourne)
VIC 3032

Contenido

¿Qué es la migración?

En la mayoría de los lugares de la Tierra el estado del tiempo cambia durante el año. Puede bajar la temperatura, puede llover sin parar o los ríos pueden secarse. Estos cambios se llaman **estaciones**. Cuando las estaciones cambian, los animales también deben cambiar para sobrevivir. A algunos les aumentan el pelaje para protegerse del frío. Otros se esconden bajo la tierra para escapar del calor del sol. Muchos simplemente viajan a zonas en donde el clima es mejor para sus necesidades. Este viaje se llama **migración**. Al viajar de un lugar a otro, estos animales encuentran un sitio cálido, alimento, agua y seguridad para sus crías.

Por instinto

Muchos animales migran al mismo lugar año tras año. Hasta los animales que nunca antes viajaron saben exactamente dónde ir. Usan sus **instintos** para seguir las rutas migratorias de sus ancestros. Los instintos son los comportamientos con los cuales los animales nacen. Los animales que migran tienen instintos que les permiten usar montañas, estrellas y olores como guía en sus viajes.

Las manadas de cebras están formadas por un macho, varias hembras y sus crías. Migran grandes distancias para encontrar los pastos adecuados para alimentarse.

¿Por qué dejar el hogar?

Los animales migran por muchas razones. El clima del invierno puede ser demasiado frío para que ellos sobrevivan. Podrían quedarse sin alimento o agua en un lugar y tener que buscarlos en otro. Algunos animales viven en una zona del mundo la mayor parte del tiempo, pero viajan a otro lugar para **aparearse** o tener crías.

Los animales también migran en diferentes épocas. Por ejemplo, muchas aves migran dos veces por año, mientras que los salmones sólo lo hacen dos veces en la vida. Los animales como las hormigas guerreras y los ñus casi siempre están viajando de un lugar a otro.

La colonia de crías

A veces el **hábitat** u hogar de los animales adultos es muy duro para sus crías. Algunos animales, como las ballenas, viven en aguas frías del Ártico y luego migran a aguas más cálidas para tener sus crías. Una ballena recién nacida no tiene una gruesa capa de **grasa** como las ballenas más viejas. No podría sobrevivir n las aguas del Ártico.

Mucho frío en el invierno

Algunas aves y mariposas migran para escapar de los fríos inviernos en los que no sobrevivirían. Estos animales pasan el verano en el norte y en el invierno vuelan al sur. Vuelven a sus hogares del norte a tiempo para la primavera.

¡Necesitamos alimento!

En muchos lugares del mundo hay poco alimento y agua. Después de comer todo el alimento que hay en un lugar, los ñus y las cebras migran a otro. Cuando se van, en los lugares que dejaron crecen nuevas plantas.

Del agua a la tierra

Algunos **reptiles**, como las tortugas marinas y los caimanes, viven en el agua pero ponen sus huevos en la tierra. Los **anfibios**, como las ranas, hacen lo contrario: viven en la tierra y ponen sus huevos en el agua. Todos estos animales migran para poner huevos.

Gaviotines viajeros

El gaviotín ártico es el campeón de los animales que migran. Vuela más de 20,000 millas (32,186 km) por año, ¡casi una vuelta al mundo! Anida en el Ártico durante el verano. Luego vuela 11,000 millas (17,700 km) al sur para pasar el invierno en la Antártida y en América del Sur.

Las crías de los gaviotines

Los gaviotines ponen huevos cuando llegan al Ártico. Allí durante el verano el sol brilla casi las 24 horas del día. Gracias al constante sol, los gaviotines pueden encontrar alimento para sus crías. Las crías crecen rápidamente y al final del verano pueden volar al sur con sus padres.

Seguir la costa

El verano del Ártico tiene mucho sol, pero es corto. En agosto, los gaviotines comienzan a volar al sur hacia sus otros hogares. Vuelan siguiendo la **costa**, donde el océano se une a la tierra. Para llegar a la Antártida algunos gaviotines vuelan siguiendo la costa del Pacífico y otros siguen la del Atlántico.

Volar para buscar alimento

Los gaviotines dejan el Ártico para
evitar el invierno. Mientras en el Ártico
es invierno, en la Antártida es verano.
Allí el sol brilla casi las 24 horas del día
como en el verano del Ártico.

Las crías de los gaviotines que volaron a
la Antártida cazan su propio alimento y
siguen creciendo. En enero o febrero las
aves vuelven al Ártico. Ahora están
listas para aparearse y poner huevos.

Gansos canadienses en bandada

Los gansos canadienses son famosos animales que migran. Pasan el verano en Canadá, donde anidan y cuidan sus crías. En otoño las crías vuelan al sur con sus padres. Van al sur de los Estados Unidos y México, donde el invierno es muy parecido al verano de Canadá.

Al migrar, los gansos viven en clima templado todo el año. Viajan al sur en grandes bandadas en formación en "V". Esta forma de volar les ayuda a ahorrar energía en su largo viaje. Otras aves, como el ánsar nival y la grulla canadiense, también vuelan en formación en "V".

Volar juntos

Cuando las aves vuelan en una formación en "V", el ave que va adelante bate las alas y deja una **estela** en el aire. Una estela es como la serie de pequeñas olas que una lancha deja en el agua. La estela que la primera ave de la bandada deja detrás se abre en forma de "V". Las otras aves vuelan en esa "V" detrás del líder. Cada ave aumenta la estela. Volar en la estela es más fácil que volar delante de todos, por eso las aves que van al final de la "V" no tienen que batir las alas tanto como las que van adelante. Los gansos se turnan para pasar adelante, así ninguno se cansa demasiado y el grupo puede volar rápidamente.

Mapa del mundo

Los gansos canadienses no vuelan a lo largo de la costa cuando migran. Eso tomaría mucho tiempo; por eso vuelan sobre el continente. Usan lugares fáciles de ver como referencia para guiarse en su viaje, como montañas y ríos.

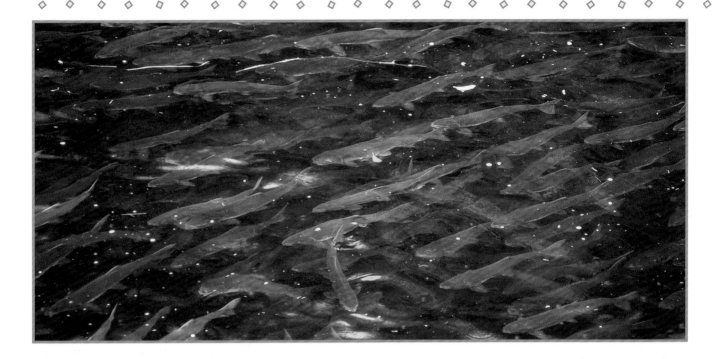

El salmón nada para desovar

Pocos animales acuáticos pueden sobrevivir tanto en agua dulce como salada, pero el salmón del Atlántico y el del Pacífico pueden hacerlo. La vida de los salmones comienza en las tranquilas aguas dulces de los arroyos. Después de dos años migran más de 1,000 millas (1,600 km) desde sus hogares de agua dulce hasta los océanos. Durante los cuatro años siguientes viven y cazan en agua salada. Se hacen adultos en el océano y al final de la vida vuelven al arroyo donde nacieron. Allí los adultos **desovan** o ponen huevos. Poco después mueren.

Empezar de nuevo

Un salmón hembra pone miles de huevos a la vez. Los **alevines** o crías solo tienen pocas pulgadas de largo cuando salen del huevo. Otros animales se comen a muchas de las crías, pero otras sobreviven y empiezan la siguiente etapa de su viaje.

Salir al océano

Cuando los salmones tienen dos o tres años de edad siguen la **corriente** del arroyo o el flujo natural del agua hacia el océano. El arroyo los lleva hacia ríos rápidos y anchos. Los salmones siguen estos ríos hasta el océano.

Batalla contra la corriente

Después de cuatro años en el océano, los salmones hacen un viaje difícil para volver a su hogar del arroyo. Las corrientes de los ríos los habían ayudado a llegar al océano cuando eran jóvenes. Para volver a sus **zonas de desove** en donde salieron del huevo, los salmones deben nadar grandes distancias contra corrientes poderosas.

Un salmón adulto es un pez fuerte. Su fuerza lo ayuda en esta lucha por volver al arroyo en donde salió del huevo. En su viaje a menudo debe saltar rocas que hay en el agua. ¡Y un oso pardo podría estar esperando para atraparlo!

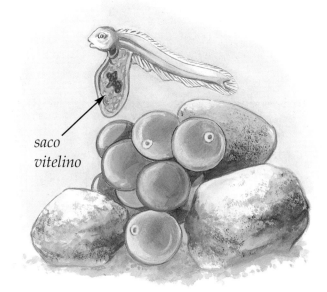

saco vitelino

*Un salmón recién salido del huevo se alimenta de su **saco vitelino** durante más o menos un mes. Allí están todos los **nutrientes** que la cría necesita para crecer. Después de consumir todo el saco vitelino la cría se llama **esguín**.*

Anguilas de viaje

Las anguilas europeas migran desde el agua salada al agua dulce. Comienzan su vida en el agua salada del mar de los Sargazos, que forma parte del océano Atlántico, cerca del ecuador. Luego migran por el Atlántico hasta los lagos y arroyos europeos de agua dulce, en donde pasan la edad adulta. Cuando están listas para aparearse, las anguilas vuelven a la zona de desove para poner huevos. Cuando una anguila hembra llega allí, se sumerge 1,000 pies (305 m) hasta el fondo del mar y pone miles de huevos. De los huevos salen pequeñas **larvas** o crías. Cada larva mide poco menos de una pulgada de largo y parece una hoja **transparente**.

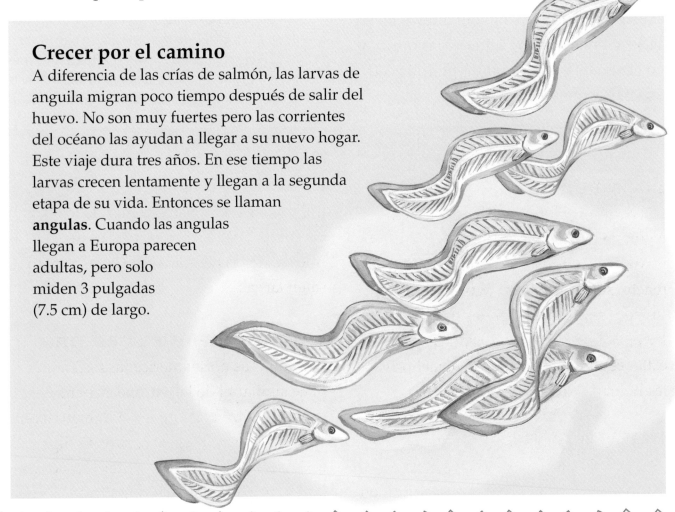

Crecer por el camino

A diferencia de las crías de salmón, las larvas de anguila migran poco tiempo después de salir del huevo. No son muy fuertes pero las corrientes del océano las ayudan a llegar a su nuevo hogar. Este viaje dura tres años. En ese tiempo las larvas crecen lentamente y llegan a la segunda etapa de su vida. Entonces se llaman **angulas**. Cuando las angulas llegan a Europa parecen adultas, pero solo miden 3 pulgadas (7.5 cm) de largo.

Por caminos diferentes

Las hembras adultas nadan **río arriba** contra la corriente para vivir en lagunas y arroyos de agua dulce. Las anguilas macho se quedan en el agua salada. Viven y se alimentan en las bahías de la costa del océano. Los científicos no están seguros de por qué los machos y las hembras se separan.

Juntos otra vez

Después de unos años las anguilas hembra vuelven al océano. Se reúnen con los machos y juntos migran más de 1,000 millas (1,600 km) hasta el mar de los Sargazos. Los machos **fecundan** los huevos de las hembras y de éstos pronto salen larvas.

Las primas norteamericanas

Las anguilas norteamericanas hacen un viaje similar al de las europeas, pero éste sólo dura dieciocho meses. También nacen en el mar de los Sargazos, pero en lugar de ir a Europa las larvas nadan a las costas de Maine y del este de Canadá.

¡Vamos, ballenas grises!

Cuando las ballenas grises viajan largas distancias, casi siempre el ballenato nada encima de su madre. Ella lo empuja suavemente a la superficie para enseñarle a respirar.

*Uno de los **hemisferios** o mitades del cerebro de la ballena descansa mientras el otro permanece activo. Cuando están migrando, las ballenas sólo paran un corto tiempo para descansar.*

Las ballenas grises pasan el verano en el norte del océano Pacífico. A final del verano estos mamíferos marinos gigantes migran al sur, hacia aguas más cálidas. Allí tienen y crían a sus **ballenatos**.

Comida para todos

Las ballenas grises son ballenas **barbadas**. En la boca tienen largos huesos llamados barbas. Al comer usan las barbas para filtrar pequeños animales marinos llamados **krill**. En el verano el norte del océano Pacífico está lleno de krill. Una ballena gris come más de una tonelada de krill al día. Come mucho para formar una gruesa capa de grasa. La grasa mantiene a la ballena caliente.

Volver a Baja

Al fin del verano hay poco krill y el clima es más frío. Las ballenas empiezan una migración de 5,000 millas (8,047 km) hacia el sur. Este viaje termina en la costa de Baja California, en México. Las ballenas no comen durante el invierno: viven de la grasa que almacenaron en el verano.

Época de apareamiento

Las hembras preñadas o que están esperando cría son las primeras que viajan a Baja. Llegan en diciembre y dan a luz a sus ballenatos. El ballenato solamente se alimenta con la leche de la madre. Las otras ballenas grises llegan en enero para aparearse. Las hembras que quedan preñadas no tienen sus crías hasta el próximo diciembre. En abril las ballenas comienzan a migrar al norte otra vez. Allí durante su ausencia nació más krill, de modo que otra vez hay suficiente alimento para las ballenas y sus ballenatos.

Para ver a dónde va, una ballena gris a veces saca la cabeza fuera del agua.

ñus en movimiento

Los ñus son mamíferos con pezuñas que viven en grandes manadas en la **sabana** Africana. La sabana es un territorio muy seco. A los animales que viven allí les cuesta trabajo encontrar suficiente agua y pastos verdes. Los ñus migran constantemente en busca de alimento.

Cuando es necesario

Los ñus no migran siempre en la misma época. En lugar de una o dos veces por año, viajan cuando escasea el agua o el alimento.

A veces una manada necesita viajar sólo pocas millas para encontrar pastos verdes. Sin embargo, cuando el clima es seco el viaje puede durar mucho tiempo.

Ayuda

A menudo el clima es tan cálido que los ríos se secan y no hay agua para beber. A veces los salvadores de los ñus son otros animales migratorios africanos: los elefantes. Los elefantes usan sus **colmillos** para cavar en el barro y encontrar agua subterránea.

Viajes de caribúes

Los caribúes viven en Canadá y Alaska, pero migran en busca de alimentos, tal como lo hacen los ñus. Pasan el invierno cerca del borde de los bosques del norte, en donde los árboles les dan refugio y alimento. En primavera migran al norte hasta llegar a la **tundra**. Las manadas de caribúes comen musgos y líquenes que crecen en la tundra en el verano.

Caminos muy recorridos

Los caribúes han usado las mismas rutas de migración durante cientos de años. Estas rutas están muy gastadas por las pisadas de miles de caribúes.

Los caribúes migran en dos grupos. Las hembras salen primero. En el viaje las hembras preñadas tienen sus crías, que pueden caminar una hora después de nacer y seguir migrando con sus madres. En unas semanas los machos siguen a las hembras.

Nadar para conseguirlo

Cuando los caribúes que migran llegan a un río, la manada salta al río y lo cruza. Algunos caribúes se ahogan, pero la mayoría termina el viaje. Los caribúes son excelentes nadadores. Cruzan ríos y hasta pequeños lagos cuando migran.

Los caribúes viajan en manada para protegerse de los lobos que los cazan.

Lemmings a todo vapor

Los lemmings son roedores pequeños parecidos a los ratones que viven en regiones del norte de América del Norte, Europa y Asia. Por lo general permanecen en una zona, pero al cabo de unos años su población crece demasiado. Entonces, grandes grupos de lemmings tienen que buscar un nuevo lugar donde vivir. Esta migración masiva se llama **emigración** y consiste en un viaje de un lugar a otro, en una sola dirección. Se produce cuando se acaban los alimentos, el agua o el espacio.

El equilibrio natural

Los lemmings tienen **camadas** o grupos grandes de crías. Las crías crecen rápidamente y en poco tiempo tienen sus propias camadas. A pesar de que los lemmings nacen con bastante frecuencia y en gran cantidad, sirven de alimento a muchos **depredadores** como búhos, lobos, halcones y zorros. Los depredadores comen tantos lemmings que por lo general evitan que la población de estos animales crezca demasiado.

Sin control

Algunos veranos tienen la cantidad perfecta de lluvia y de sol para que crezcan más plantas. Cuando hay más alimento, los lemmings tienen camadas más grandes y dan a luz crías con más frecuencia. A pesar de que los depredadores siguen comiendo una gran cantidad de lemmings, estos roedores se reproducen con mayor rapidez. En poco tiempo, la población crece demasiado para el tamaño de la región y los lemmings comienzan a quedarse sin comida.

Sin rumbo

Antes de que se acabe la comida, los lemmings emigran. Como tantos roedores emigran al tiempo, el grupo puede perderse y confundirse. A veces, un grupo completo de lemmings se cae por un precipicio o se ahoga en el océano.

Marcha de las hormigas guerreras

Estas hormigas viven en América del Sur y viajan todo el tiempo. Los científicos llaman **nómadas** a los viajeros constantes. Las hormigas guerreras viajan de noche por el suelo del bosque en grandes grupos. Cubren el suelo como una inmensa manta de insectos. En su viaje, las hormigas atacan y se comen casi todo lo que encuentran.

¿Por qué siguen viajando?

Los científicos no están seguros de por qué las hormigas guerreras migran. El clima no cambia mucho de un lugar a otro. Hay mucho alimento y las hormigas a menudo dejan muchas sobras cuando dejan un lugar. Algunos científicos creen que las hormigas viajan para no quedarse sin alimento para ellas y sus crías.

Construir puentes

Las hormigas guerreras encuentran muchos obstáculos en sus viajes. En lugar de rodear los espacios que hay entre hojas, hacen puentes con sus cuerpos. Una hormiga se para en el borde de una hoja y otra trepa encima de la primera y avanza un poco. Las hormigas siguen trepando una encima de la otra hasta que forman un puente.

¡Que la reina no se moje!

Un grupo de hormigas se llama **colonia**. La reina es el miembro más grande e importante de la colonia. Es la única hormiga que pone huevos. Cuando las hormigas guerreras llegan a un arroyo, se reúnen alrededor de la reina para formar una bola. Esta bola hace de balsa para que la reina cruce flotando. Las hormigas se turnan para trepar a la parte superior de la bola y por eso muy pocas se ahogan en el arroyo.

¡Alto!

Las hormigas guerreras viajan toda la noche durante dos o tres semanas. Luego **acampan** o descansan durante tres semanas. Cuando acampan, la reina pone miles de huevos, de los que nacen larvas sin patas. Cuando siguen viajando, las **hormigas nodrizas** llevan las larvas en la espalda. En la siguiente parada ponen las larvas en **capullos** para que crezcan.

Cuando la colonia está lista para seguir viajando de nuevo, las larvas ya son adultas y pueden viajar con el resto de la colonia.

Monarcas que migran

De los pocos insectos que migran, las mariposas monarcas son las más conocidas. Estos insectos pasan el verano en todo Canadá y los Estados Unidos. En la mayor parte de estos lugares el invierno es muy frío para las monarcas. Por eso vuelan hasta 2,000 millas (3,220 km) al sur, hacia lugares cálidos como el sur de California y México.

Un árbol de mariposas

Como las aves que migran, las mariposas monarcas dejan sus hogares de verano a principios del otoño. Millones de estos animales forman grandes bandadas que migran al mismo tiempo. Cuando llegan a California y México no comen ni ponen huevos nuevos, sino que descansan en los árboles. Miles de mariposas monarcas se reúnen en las ramas de cada árbol. Hay tantas mariposas que parecen las hojas del árbol.

Las mariposas monarcas no se mueven mucho después de aterrizar. **Hibernan** o duermen muy profundamente. La temperatura de su cuerpo baja y el corazón les late más lentamente. Las monarcas se despiertan en la primavera, listas para volar hacia el norte.

Sigan sin mí

En el viaje de vuelta, algunas mariposas paran para aparearse. Luego las hembras ponen huevos. Casi siempre las mariposas mueren poco después de aparearse, pero de los huevos salen nuevas mariposas que siguen el viaje que sus padres empezaron. Sin importar en dónde nacieron, las mariposas saben seguir hacia el norte y luego vuelan al sur cuando comienza el otoño.

Volver a la laguna

Parte del ciclo de vida

Las migraciones forman parte del **ciclo de vida** de un anfibio. El ciclo de vida es el conjunto de cambios por los que pasa un animal desde que nace o sale del huevo hasta que se hace adulto. Los anfibios comienzan la vida como renacuajos que nadan en las lagunas de reproducción. Su cuerpo cambia completamente, ya que le salen patas y pulmones. Cuando son adultos, los anfibios dejan la laguna y viven en la tierra. Cuando están listos para reproducirse vuelven a la laguna.

Los **anfibios** son animales que pasan la primera parte de su vida bajo el agua y cuando son adultos viven en tierra firme. Las ranas y los sapos son anfibios. Salen del huevo en una laguna llamada laguna de reproducción. La mayoría de las ranas y sapos se quedan cerca de esa laguna toda la vida. Otros van a vivir en bosques u otras zonas alejadas. Cada primavera, estas ranas y sapos vuelven a la laguna para reproducirse. La encuentran por instinto.

Un desafío corto

Las ranas y sapos no migran muy lejos. Casi siempre su hogar queda a pocas millas de la laguna, ¡pero incluso una milla puede ser un viaje difícil para una pequeña rana!

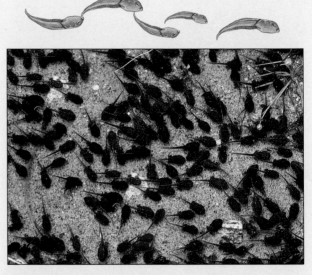

Estos renacuajos volverán a esta laguna para reproducirse cuando sean sapos adultos.

 # Caimanes a tierra

Los caimanes son **reptiles**. Migran para reproducirse, como todo anfibio, pero lo diferente es que nacen en la tierra y viven en el agua la mayor parte de su vida. Viven en ríos y aguas poco profundas de la costa. Cuando es hora de aparearse en la primavera, migran a la tierra. Un caimán hembra busca una zona protegida y allí pone huevos. A diferencia de casi todas las ranas y sapos, que abandonan a sus crías, la hembra de caimán las cuida.

Los caimanes no terminan de crecer hasta que tienen más de seis años de edad.

Las tortugas marinas nadan a casa

Al igual que los caimanes, las tortugas marinas son reptiles que viven en el agua pero ponen sus huevos en tierra. Sin embargo, migran mucho más lejos que los caimanes. Algunas migran más de 1,500 miles (2,415 km) para poner huevos.

Las tortugas marinas adultas viven en zonas cálidas del océano abierto, pero comienzan su vida en una playa a millas de distancia. A pesar de esta distancia, vuelven a la playa donde nacieron para poner sus propios huevos. Algunos científicos creen que las tortugas encuentran el camino siguiendo ciertos aromas. Otros creen que usan el sol y las estrellas para guiarse, como los antiguos marineros.

Las tortugas marinas se aparean en el mar. Las hembras ponen huevos en tierra, pero los machos nunca dejan el agua.

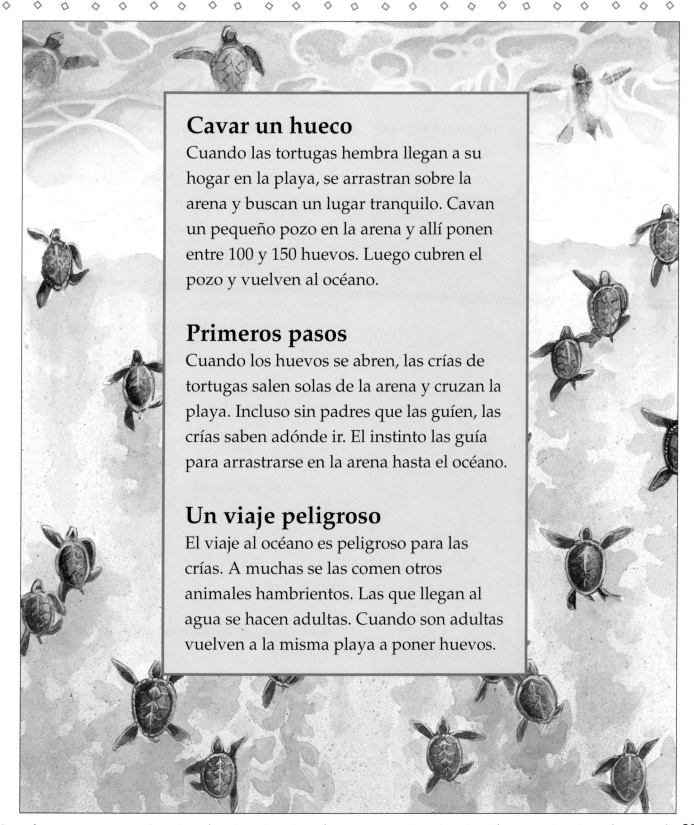

Cavar un hueco

Cuando las tortugas hembra llegan a su hogar en la playa, se arrastran sobre la arena y buscan un lugar tranquilo. Cavan un pequeño pozo en la arena y allí ponen entre 100 y 150 huevos. Luego cubren el pozo y vuelven al océano.

Primeros pasos

Cuando los huevos se abren, las crías de tortugas salen solas de la arena y cruzan la playa. Incluso sin padres que las guíen, las crías saben adónde ir. El instinto las guía para arrastrarse en la arena hasta el océano.

Un viaje peligroso

El viaje al océano es peligroso para las crías. A muchas se las comen otros animales hambrientos. Las que llegan al agua se hacen adultas. Cuando son adultas vuelven a la misma playa a poner huevos.

Seguir el rastro

¿Cómo saben tanto los científicos sobre migración? Tienen muchas herramientas que los ayudan a rastrear animales. Las herramientas van desde simples etiquetas de metal hasta complejos **radiotransmisores** que envían señales a satélites. Con las etiquetas y los radiotransmisores los científicos pueden reconocer y rastrear un animal sin molestarlo.

Bandas y etiquetas

Una de las maneras más sencillas de marcar un animal es con una banda o etiqueta. Los científicos pueden poner bandas de metal en las delgadas patas de las aves. Pueden poner etiquetas en las orejas o la cola de un animal. Cada banda y etiqueta tiene un número de serie y otra información que los científicos anotan. También anotan dónde y cuándo alguien vio a un animal con etiqueta.

Cuando el animal aparece en otra zona, los científicos pueden leer su etiqueta y saber dónde está el hogar del animal. Si encuentras un animal herido o muerto que tiene una etiqueta, pídele a un adulto que llame al número que aparece en la etiqueta. ¡Nunca te acerques a un animal herido tú solo!

Este científico puso una banda de metal en la pata de un ave para rastrear sus viajes.

Señales en el radar

Los científicos también usan señales de **radar** para contar los animales que migran en bandadas y manadas. Un radar envía **ondas sonoras** hacia los animales. Cuando una onda sonora toca el transmisor de un animal, regresa hacia el radar. Al anotar las señales que regresan, los científicos pueden contar la cantidad de animales con etiquetas de una zona y pueden **calcular** la cantidad real de animales de esa zona.

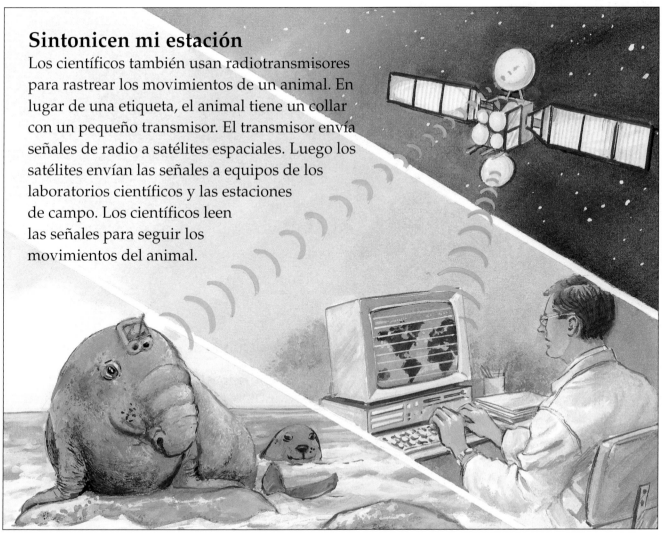

Sintonicen mi estación

Los científicos también usan radiotransmisores para rastrear los movimientos de un animal. En lugar de una etiqueta, el animal tiene un collar con un pequeño transmisor. El transmisor envía señales de radio a satélites espaciales. Luego los satélites envían las señales a equipos de los laboratorios científicos y las estaciones de campo. Los científicos leen las señales para seguir los movimientos del animal.

Glosario

acuático Palabra que describe a un animal que vive en el agua

alevín (el) Cría de salmón después de que sale del huevo

barbas (las) Láminas delgadas de hueso que algunas ballenas tienen en la boca y que usan para filtrar alimento del agua

corriente (la) Dirección en la que fluye el agua de un río u océano

costa (la) Línea de contacto entre el océano y la tierra

depredador (el) Animal que caza y se come a otros animales

desovar Poner huevos

emigración (la) Viaje de ida de un animal que busca un nuevo hogar

energía (la) Capacidad para hacer cosas

hibernación (la) Sueño invernal durante el cual la respiración y la frecuencia cardíaca de un animal disminuyen y su temperatura corporal baja casi hasta el congelamiento

instinto (el) Conciencia natural o "conocimiento" que controla el comportamiento de los animales, como en el apareamiento y la migración

larva (la) Cría de un animal (especialmente de un insecto o pez) después de que sale del huevo

nómada Animal va de un lugar a otro con frecuencia

nutriente (el) Sustancia natural que el cuerpo necesita para crecer y estar sano

radar (el) Equipo que envía y recibe ondas sonoras para mostrar la forma de los objetos en movimiento

tundra (la) Región fría del Ártico que tiene muy poca vegetación y no tiene árboles

Índice

Impreso en Canadá